남촌서 부는 바람

남촌서 부는 바람

이든시인선 102

주은희 시집

이든북

| 시인의 말 |

詩 앞에서

공감의 詩를 쓰고 싶었습니다.
그래그래,
나도 그랬지,
누구나 보며 웃고 울고 낭송하며 끄덕일
詩
내 영혼과 또 다른 만남이 모든 이들과의 만남이라고 생각하고 싶습니다.
그래서 이 시편을 보는 이들과 동행하며, 읽는 동안 함께 산책하는 마음이고 싶습니다.

한 컷 한 컷 앨범에 담긴 사진들처럼 지나온 여정을 더듬어 써나간 자전적 시편들이 코로나19의 긴 터널을 건너오신 길에 위로가 되시기를 소망합니다.

2022년 6월
주은희

차례

시인의 말 — 5

1부 길을 떠나다

해돋이 — 15
이삭 ISAAC — 16
시범수업 — 18
연구대회 — 20
군복 — 22
쌍류초등학교 — 24
오암복지원 — 26
TJB교육대상 — 28
전북교원연수원 — 30
편지쓰기 강좌캠프 — 32
6264 — 34
후회 — 36

2부 동행

사랑	—— 41
두목과 메리	—— 42
아파트 1층	—— 44
천생연분	—— 46
두목과 애마	—— 48
소심남	—— 50
MTB라이딩	—— 52
바로 두목	—— 54
개척교회	—— 56
나 닮아서	—— 58

3부 못다 쓴 편지

해후	—— 61
암흑	—— 62
백마강	—— 64
기적	—— 66
남편	—— 68
홀로	—— 70
노심초사	—— 72
4년	—— 74
빈자리	—— 76
벤치	—— 77
'뼈다귀'와 뱅쇼	—— 78

4부 사랑의 띠

운동화 —— 81
어머니 —— 82
아버지 —— 84
모르겠어요 —— 86
모녀 —— 88
초보운전 —— 90
딸 둘 —— 92
예나의 눈물 —— 94
예나 —— 96
비둘기 띠띠 —— 98
가을 은행나무색 버스 —— 99

5부 세월의 강

어린 봄	― 103
금산찬가	― 104
신성리 갈대밭	― 106
월출산	― 108
북한강 새벽	― 110
남촌서 부는 바람	― 112
보문산	― 114
제주의 아침	― 115
사려니숲길	― 116
늙은 딱따구리	― 118
가을바람	― 120
은행잎	― 122
실안개	― 124
유등천	― 126
소백산에서	― 127

6부 순례자

다 그림	— 131
코로나19 펜데믹	— 132
만물의 영장	— 134
친구	— 136
척하면 알지요	— 138
점점 좋아	— 140
자화상	— 142
지금은 울어도 되겠지	— 144
소쩍새	— 146
화장품	— 148
With코로나	— 150
아니다	— 152
조남익 은사님	— 154
고희	— 156

작품해설 ǁ 조남익 시인 — 157
현실감각과 탁월한 문학성의 조율

11

1부 길을 떠나다

해돋이

바람보다 그리움이 먼저
山에 올랐습니다
쌓인 눈 발목 빠지는 오르막길을
가쁜 숨만 데리고 뛰었습니다
눈을 감아도 떠도 똑같은 어둠
헤드랜턴으로 가르며
단숨에 다다를 것 같은
산만큼 한 그대 향하여 달렸습니다
어스름 미명
차갑게 닿는 눈발
눈구름 속에
끝내 없는
그대 빈자리
닿을 수 없는 곳
일월 일일 새벽 여섯 시

*『문학21』 1998. 4.

이삭 ISAAC

1998년 등단 이후
시詩는 바라볼 사이도 없이
갑자기 들어선
목회의 길

흐드러진 은혜의 꽃밭에서
기도와 찬송을 먹고
송이꿀보다
꿀송이보다
더 달디단
성경의 이불을 덮었다

십자가 빛만 바라보며
매일 웃었다
목젖을 내놓고
30년을 웃었다

기뻐서 웃고
슬퍼서 웃고

감사해서 웃고
힘들어서 웃고

두 손 모은 기도 손에
웃는 이삭
나
30년을 웃었다

* 이삭 : 아브라함이 100세에 얻은 웃음이라는 뜻을 가진 아들
  의 이름(성경 속 인물)

시범수업

며칠 밤
기대와 노력을 싼 보따리
이리
저리
아이들과 함께 풀어가는 40분

삥 둘러선 낯선 교사들 커다란 눈
촬영하는 기계도 보이지 않는다
30년을 매일 쌌다가 풀어도
늘 부담 큰 이 보따리

수업목표 향해
생각 꺼내기
보따리 풀다보면 요점 정리할 시간

즐거운 수업
재미있는 수업
평생 하는 수업인데
할 때마다 나는 어렵다

충청남도수업연구대회 1등급
충청남도수업으뜸교사
충남교육을 빛낸 교사
화려한 등판을 달고
그래도 오늘
또 떨리는 40분
시범수업

연구대회

연구 계획 세우느라
교실에서 밤새우고
연구계획 추진하느라
교실에서 밤새우고
연구추진 결과보고서 쓰느라
교실에서 밤새우고
일년 내내 몰두하는
새로운 교단연구
전국 도서관, 연구소 다니며
선진연구 탐색하면
알아가는 기쁨에 지치지도 않아
찾아내는 지혜에 솟구치는 의욕
낮도 낮이고
밤도 낮이었다
자다가도 문득 아이디어 떠오르면
밤을 잘라 운전하여 학교로 달린다
새 봄 새 학기에 시작한 연구
열매 익는 계절 오면 또 다른 수확
안 먹어도 배 안 고프고

안 자도 졸리지 않아
날마다 가득한 충만한 힘
매일 새로운 지혜로 일구는 밭

군복

나는 군복이라 불렀다
가을마다 단체로 받는
운동회 복장
츄리닝

정장 출근한 후
츄리닝 입고
퇴근할 땐 벗어놓고
운동회 끝나도
매일 입는
츄리닝

아이들과 뒹굴고 놀며 수업할 땐
이게 최고야
아이와 하나 되어
노는 나날
나도
아이 되어
뒹구는 나날

군복
행복한 군복
츄리닝

쌍류초등학교

이발소 다녀온 소년같은
모내기 막 끝낸 들
연둣빛
연둣빛 세상

벼포기 심자 마자
물 빨아 올린다
가슴엔 이삭 품고
농부의 땀을 먹는다

전의면 골짜기부터
수런거리던 봄바람
개미고개 넘어서
쌍류 들판을 가로질러
합창하며
서면 와촌리로 내달린다

어느새 하얀 배꽃 가득해지면
수줍은 복사꽃도 볼우물 패이고

봄바람 보드라운 손
냉이 쑥까지 부른다

복사꽃 같은 아이들
배꽃 같은 마음
아이들
아이들
그 향내
가득한

* 『월간문학』 2022. 4

오암복지원

내 반 아이들은 소풍처럼 좋아서
과자 음료수 싸들고 갔지
스쿨버스에선 들떠서 떠들고
할머니 할아버지 앞에선
춤추고
노래하며
연주하고 연극했지

웃지도 않는 할머니
울지도 않는 할아버지
웅크리고 방에서 안 나오시는 할아버지
따끈한 찰떡만 바라보시는 할머니

그 손잡으니
뭉클
떡 드리며 운다
마른 등허리 꼭 껴안고
눈물 적신 과일 드리니
또 뭉클

늙어 쭈그러진 인생을 만진다
모두 나를 그리도 사랑하셨던
내 어머니
내 아버지

* 오암복지원 : 세종시 전동면 소재 노인요양시설

TJB교육대상

초등교육 부문
대전 충남북에서 뽑힌
단 한 사람
30년 교단 생활이
꽃으로 활짝 핀 날

새벽 어둠을 뚫고
내달리던
30년
혼신을 다 한
땀
보람으로 다가온 날

내 어머니와
나의 두목과
나의 두 딸의 응원
그리고
예쁘게 보석처럼 빛나던
매년 사랑하던 내 품의 아이들

모든 공은 내가 아닙니다
모두
받은 사랑의 열매입니다

* 2007년 TJB교육대상 수상하여 부상으로 상금 300만 원과 부부동반 중국여행을 함

전북교원연수원

전라북도교육청 한자漢字 직무연수 강사로
길눈도 어둔 이가
이른 아침부터
홀로 달려간 길

텅 빈 강의실
끓는 물이 반긴다
차 한잔 마시며
창 밖
하늘에 적어본다
강의 개요를

웹자료
플래시자료
한자漢字에 놀란
40명 연수생
한자漢字 획 그어질 때마다
신기한 탄성
내 반 아이들보다

더 재미있어 하는 교사들의 눈
선물로 나눠준 漢字CD를
아이처럼 좋아라 하는

충남교육 나의 연구자료가 빛나는 시간
2년간 영글어 날아온 씨
전라북도에도
전국에도
홀씨 되어 날아라
대한민국 어린이들에게
유익하고 재미있는 漢字로 날아라

편지쓰기 강좌캠프

좋아라
전국에서 모인 100여 명 중학생
정보통신부 주관 정기 여름캠프
웃고
뛰며
편지 쓰고
엽서 쓰고
우표 공부도 하고
와!
작은 우표
속
깊고 깊은 샘물이야
드넓은 세계
오묘하고 신기함 가득
대한민국과 우주
숨은 역사 세계사까지 배우고……

친구들과 숲속에서 놀기엔
사흘이 빨라

벌써 엄마 아빠, 그리워요
언니 동생에게, 싸워서 미안해
말 안 들었던 선생님께, 죄송해요
시골 계신 할머니께, 곧 가겠어요
모처럼 손편지도 써보고

우표 도안
전지만화도 함께 그린
내 마음 쓰기
편지쓰기캠프

전국에서 달려온 지도교사의 땀
내년을 다시 기약하고
화양동 계곡 거품처럼
하얗게 내달리는 편지쓰기캠프

6264

30년 만이구나
의젓한 대한민국 주역
초등학교 62회 졸업
6학년 4반이라
6264란다

담임선생님이 그리웠다는
제자 스무 명
초임 교사 서툰 모습은
다 잊은 채
정만 가득 담아 온 가슴들

강산이 세 번 바뀌며
어느덧 중년
하나 하나가
바로 내 발자취로구나
바로 내가 쌓은 탑이로구나

고맙다
사랑한다
잊지 못한다
잡은 손을 놓지 못해
헤어지지 못하는
6264 친구들

후회

비가 오려나
개미떼가 밧줄을 만든다
밟을까봐 비켜 걷는 내 발걸음
어영부영 80퍼센트 저 개미떼
나는 80퍼센트일까?
20퍼센트일까?

앞만 보고 달리다 옆을 살피지 못했다
달린 건 후회 없으나
옆 못 본 건 후회

썩는 풀내음도
비릿한 시내 냄새도
풋풋한 나무 향도
이리도 좋은 걸……
모르고 달리다 보니
퇴직이 코 앞

정상 삼각점만 빨리 찍으려던 야심

이 시원찮은 몸으로 전국 1등급을 거머쥐며
60년 동안 앞만 보았다

그래도
그래도
옆을 못 본 후회
후회

* 2001학년도 전국인성교육실천사례연구대회 전국1등급 수상

2부 동행

사랑

유치한데
뻔히 알면서도
사랑한다 하면 좋다
걸을 때마다 손잡아 주면 좋고
매일 커피잔 마주할 때 좋다
끝없이 키스해주면 좋고
안고 또 안아줘도 좋다
바라보고 웃어주면 좋고
벌거벗어도 좋다
힘들 때 업어주면 좋고
울 때 눈물 닦아주면 좋다

유치한데
유치할 때
더 행복하다

두목과 메리

나를 두목이라 불러줘
두목이 원하는 대로
두 딸까지 아빠라 하지 않고
두목
두목
두목이라 불렀다

메리는 내 강아지
강아지는 메리
당신은 메리
부르면 언제든 어디서든
달려와 안겨야 해
강아지처럼

두목이 정한 대로
우리는
두목
메리
두 딸도 부를 땐

두목
메리
듣는 이가 웃어도
두목과 메리
두목
메리

아파트 1층

대전 최초의 아파트
두목이 계약하고 올 때에는
30대라 세상을 몰랐다
엄마랑 평생 함께 살 줄
두목은 어떻게 알고 1층을 골라 샀을까?

마흔 셋에 날 낳으신
내 엄마는
편리한 1층을 좋아하셨다
다시 이사해도 엄마 위해
또 아파트 1층

아흔 다섯 천국길 가실 때까지
해넘어 노을지면 아파트 현관에서
딸, 손녀 기다리시던
그 의자는 아직도 거기 있다

1층 산 두목
정말 고마워

나이 드신 내 엄마 편히 지내신
아파트 1층
이제는 나도 나이드니
아파트 1층
나도 좋아

천생연분

잠잘 때
다리 올려놓으면
편안해서 좋은 두목
다리 눌리면
시원해서 좋은 메리

과일 한 입 먹게
큐브로 깎아
뚜껑 있는 그릇에 담아주는 두목
출근하며 운전하며
차 안에서 먹는 바쁜 메리

비가 오면 빗소리 좋아
같이 듣는 두목
눈 오면 눈이 좋아
함께 걷는 메리

백두대간 단독종주
좋아하는 두목

필요한 신제품
먼저 사주는 메리

두목의 애마

얼룩이
검둥이
누렁이
그리고 날씬이
두목이랑 같이 사는 아이들
한 방에 모여
벽에 나란히
천정까지
줄 서 있다

오늘 누가 나갈래?
두목이 물으면
"저요, 저요……"
제각각 손을 든다

"흠……"
"성북동 휴양림 임도林道 갈 거니까 얼룩이가 가자."
"아니, 누렁이랑 바위산에 갈까?"
"참! 오늘 토요일이니 메리가 쉬지?

그럼 검둥이하고 유등천 가자."

"검둥아, 오늘은 메리 퍼랭이하고 같이 놀자."

* 얼룩이 검둥이 누렁이 날씬이 퍼랭이 : 라이딩 장소에 맞는 두목이 지은 MTB자전거 이름

소심남

두목은 날보고
대범녀라 한다
어려운 결정도
쓱
뜻한 바 소신껏
밀고 나가
대범녀라 한다

두목은 두목 보고
소심남이라 한다
작은 결정도
오래오래 생각하고
머뭇거리느라
앞으로 나아가지 못 한다고
소심남이라 한다

40년을 살다보니
같은 선에서 출발했는데
언제부턴지

나는 대범녀
두목은 소심남

잘된 건지
잘못된 건지 모르지만
대범녀든
소심남이든
우린 비둘기

대범녀면 어때
소심남이면 어때
둘이 맘 맞아 잘 사니
이보다 큰 행복은 없다

MTB 라이딩

운일암 반일암
붉은 흙길
공사중인 임도林道 내리막
소나기 속 달린다
앞선 두목
뒤따르는 나

"와, 와"
소리치는 두목
"가, 가"
소리치는 나
"와, 와"
달리며 잘 따라오나, 확인하는 암호
"가, 가"
달리며 잘 따라간다, 응답하는 암호
메아리까지 따라서
"와, 와"
"가, 가"

갑작스런 소나기에
흙길조차 성이 나서
바퀴에 붙어볼까
헬멧을 때려볼까
"와, 와"
"가, 가"
내리막 달려오니
고글까지 덕지덕지 붙은 흙
앞이 안 보여
흙자전거 라이딩

바로 두목

내가 울 때 눈물 닦아주는 이
바로 두목

아프다 할 때 얼른 약 사오는 이
바로 두목

내가 하는 일은 모두 잘 했다 칭찬하는 이
바로 두목

내가 지칠 때 업어주는 이
바로 두목

등산 산책 발 맞춰 주는 이
바로 두목

길 가다 갑자기 이쁘다고 뽀뽀하는 이
바로 두목

피곤하다고 하면 저녁상 차리는 이
바로 두목

시도때도 없이 안아주는 이
바로 두목

내가 남 욕할 때 같이 따라 욕해주는 이
바로 두목

개척교회

장맛비 양동이로 물 퍼내던 지하교회
앞뒤로 제습기 팡팡 돌려
시간마다 통 비워도
감사
감사
감사하고 기쁘다

젊은 피로 밤새 철야기도하며
그래도 모자라
40일 금식 기도하고
성도가 아프면 아침금식 기도하고
기도제목 받으면 1일금식 기도하고
그래도 모자라면
강단에서 철야 기도하고

마음 변해 교회 떠나도
정 떼지 못해
눈물로 새벽마다
쓰다듬어 기도해주던

기도수첩 이름들

그 이름 만지며
목회 30년
열매 올려드린 것 없어 부끄럽지만
그래도
감사
감사
감람장로교회
30년 지켜주시니
고마워라

나 닮아서

울고 또 운다
내 귀한 보물
내 딸이 오지 않아 운다
기다려도 기다려도
오지 않아 운다
자정을 넘겨도
오지 않아 운다

어떻게 낳아 키운 딸인데
내 삶을 다 바쳐 키웠는데
그토록 기도하고 기도하며 키웠는데

내 귀한 보물
내 딸이 오지 않아 운다
두목은 내 등을 토닥이며
나 닮아서
나 닮아서 그래
울지 마 메리
나 닮아서 그래

3부 못다 쓴 편지

해후

당신 흰머린 정말
귀밑에서 세월이 자랐군요
흰머리 따라
깜빡깜빡 다가오는 것
가만히 만져 보았어요
사알짝 껍질 벗겨보니
유리처럼 투명한 추억이었어요

실타래 무릎에 걸고
추억을 감았어요
밤새도록 거꾸로 감았어요
엉킨 시간과
풀린 공간을
눈물에 적시어 감았어요.

*『문학21』1998. 4.

암흑

뱃속
내장이 없이 텅 비었다
입천장에 붙은 혀
머릿속도 까맣다
모든 시간이 멈추었다
들리지 않는다
아무것도
보이지도 않는다
나는
정지……

꺼져가는 심지 앞에
하늘까지도 암흑
막힌 기도
막힌 찬송
돌아앉으신 하나님
사방은 벽
신음과 고통만 가득한 방

두려움
짓누르는 두려움

침도 마른 밤
어둠은
말없이
소리없이
숨을 끌어간다
생명을 끌어간다
오늘만큼 끌어간다

* 두목의 임종을 앞두고

백마강

아니
여름을 그대로 여기 두고
해도 아직 지지 않았는데
가시게요?

시간과
이야기 속에
늘 있던 자취
함께 지낸 추억까지 남긴 채
가시게요?

뜨거운 태양이 왜 쓸쓸한지
밝고도 큰 보름달이 왜 홀로 서녘으로 가는지
백마강은 왜 먼 길 별을 싣고 떠나는지
궁남지 큰 연잎 사이 꽃술이 왜 분홍빛인지
……
더 말해주세요
아직 해는 중천인데
가시게요?

잡은 손이라도 꼭 쥐어주세요
발자국은 어디 두고 가시는지
눈이라도 깜빡여주세요

다물지 못하는 그대 벌린 입
들숨 날숨조차 제대로 못 다니는 입
쩍쩍 말라 검게 변한 입 속
내 눈물로 적셔드릴까요?
함께 거닐던 백마강 물을 담아올까요?

 * 임종을 앞둔 두목 앞에서

기적

6개월 남았다
의사 말을 믿지 않았다
믿을 수가 없었다

길어야 2,3개월 남았다
믿지 않았다
믿을 수가 없었다

이 달을 넘기기 어렵다
믿지 않았다
믿을 수가 없었다

믿은 것은
딱 하나
기적을 믿었다

떠났어도 다시 보내주시리라 믿었다
다시 돌아와 못다 한 목회 하리라 믿었다
하던 대로 나를 사랑하며 살리라 믿었다

이 달을 넘기지 못했다
그래도 믿지 않았다
믿을 수가 없었다

다시 깨어나
"메리!"
부를 것이라 믿었다

남편

추운 겨울에 사랑했지요
꽁꽁 언 손을 잡고
뜨거운 가슴을 주며
만나
사랑을 심었지요

이리 짧을 줄
그리 급한 줄
……

입도 다물지 못한 채
함께 40년 허상을 쫓던
눈을 감고
잡은 손을 놓았지요

더운 여름에 이별했지요
더 이상
숨 쉴 수 없는
바라볼 수 없는

함께 할 수 없는
그리움
사랑만 남기고

홀로

저 뒤에서
누가 부르면
쳐다보면 안 돼
두목 아니거든

연두색 라이더자켓에 헬멧
날렵하게 잔차로 달려오는 이
쳐다보면 안 돼
두목 아니거든

둘이 손잡고 걷는 이들
부러워하면 안 돼
마트 혼자 갈 때
눈물나면 안 돼
청소 설거지 하며
두목 찾으면 안 돼
유등천, 보문산 산책할 때
잡을 손 찾으면 안 돼
손 찾느라 허우적대면 안 돼

현관 바라보지 마
현관 바라보지 마
두목은 이제 안 와

　* 두목 천국 보내고

노심초사

쓰라린 이별의 가요
그 어떤 명곡보다 내 마음 같아
유치하던 그 가사
바로 내 아픔
어젯밤 꿈에도 힘들어 할 때
얼른 달려와 날 업어준 그 편안함
시간은 흘러도
그리워라
내 필요를 늘 채워주던 따뜻한 두목

짐박스 들고오다 현관 앞에 놓치니
울컥
들어주던 두목 생각
칠순 바라보는 내 눈에선
아기 눈물
익숙하지 않은
홀로서기

지금도 하늘에서 날 바라보며
노심초사 맘 못 놓을
나의 두목
매일 매일 주님께
내 부탁 하고 있겠지

4년

예수만 잘 믿으면
결혼해주겠다 하니
성경책 끼고 교회 가던 두목인데
목사까운을 30년 입었지

4년
혼자서도 영양소 따져
세 끼 챙기고 청소도 좀 하고
와인도 두목 건배 없이 마셔
보문산도 씩씩하게 팔 휘둘러 오르지
플룻 연주할 때도 목 메이지 않고
무거운 짐 들 때도 울지 않아

두목의 해가 질 때
예나의 해는 떠올라
힘찬 붉은 빛으로 용솟음 쳐
이젠 일곱 살이야

두목 없는
4년
시간의 옷을 벗고
지금 쯤
갈아 입을 시간
나는 이제
두목의 손을 놓아야겠지?

빈자리

찬바람 부는 걸 손이 먼저 알지
하나도 안 추운데
손이 시려
두목 잡아주던 손이 없으니
더
손이 시려

잠자리 들어가면 등이 허전해
두목 생각 없었는데
등이 시려
유담뽀 되어주던 두목 없으니
더
등이 시려

영어공부 자원봉사 분주한 마음
플룻 수영 댄스하며 크게 웃어도
마음이 시려
커피 잔 맞대며 밤새우던 두목 없으니
더
마음이 시려

벤치

부서진 솔가루 푹신한 숲그늘
찌르찌르 찌릉새
바람 길 따라 내게 온다

고개 내민 햇빛도 나에게
어쩌다 흰 나비 한 마리도 나에게
모두 정다이 내게 온다
두목은 오지 않아도······

두목이 따주던 버찌도 말라 떨어진 벤치
누린 벌레처럼 흩어진 밤꽃
두목처럼 누워
할 일 다 했다 한다

두목 내 무릎 누워
숲내 맡던 벤치
마른 솔방울 하나 주워들고
나도 누워
밤꽃이 된다

'뼈다귀'와 뱅쇼

저녁식사 때마다
뼈다귀 받아먹는 강아지
두목의 강아지

저녁운동 잔차타고 돌아오면
뼈다귀 받아먹는 강아지
두목의 강아지

늦게 퇴근하여 힘들어하면
뼈다귀 받아먹는 강아지
두목의 강아지

이제는
뼈다귀 줄 두목이 없어
딸이 주는 뱅쇼

모양 색깔은 똑같은데
두목이 없네
두목의 강아지, 나

* 뼈다귀 : 남편이 레드와인에게 지어준 이름

# 4부 사랑의 띠

운동화

아들이 사준 운동화
세상에서 제일 편한 운동화
신어본 것 중 제일이다
신을 때마다 기분 좋다
또 걷고 싶다
더 운동하고 싶다
다시 산에 가고 싶다

아들이 또 사준 새 운동화
세상에서 제일 비싼 운동화
신어본 것 중 제일 고급이다
비 올 듯하면 안 신어
먼지 많아도 안 신어
밤에도 안 신어
폼 나는 낮에만 아껴 신지

어머니

눈 떠보면 뚝딱
아침 밥상 차려있고
지친 몸 퇴근하면
저녁 밥상 차려있고
두 손녀 보살펴
키우시고 돌보시며
청소 빨래 시장도 홀로 보시고
내 삶 구석구석 만져주시니
철없는 막내딸
아무 걱정 없이 학교 출근

가시만 남기고
모든 살점 떼어내
송두리째 다 주시곤
아흔 다섯 떠나실 때도
또렷한 정신
살림 서툰 막내딸 걱정에
발 길 못 떼신 나의 어머니

두 손녀 효도 받으시며
오래오래 사시길 바랐는데
병원도 안 가시고
급히 천국가신 나의 어머니
자고 일어나 뽀뽀하고
잠잘 때 뽀뽀하던
특별하지 않았던 일상이 그립다
사무치게
사무치게 그립다

아버지

몇 마디나 대화했을까?
늘 높이 계시던 아버지
엄격한 아버지는 항상 멀리 계셨다
다가가기 어려운 막내딸은
부르실 때나
등록금 고지서 드릴 때
등록금 받을 때만
무릎 꿇고 고개 숙였다
아버지 앞에선
언제나 뒷발로 발소리 없이 나왔다
정권이 바뀌자 정년 단축 퇴직으로
화가 쌓인 가슴
더욱 두려운 아버지가 되었다

새우깡 박스
소주 박스
용돈드릴 때에도
뒤꿈치 들고 놓아드리고
뒷발로 걸어나온 어려운 내 아버지

화려한 색 입지 마라
짧은 치마 입지 마라
일찍 들어와라
교사된 딸에겐 다 옳으신 말씀이건만
듣기 싫어서 출근 인사도 드리지 않고
몰래 나와버린 무겁고 큰 대문
아직도 어렵고 두려운
내 아버지
산소에도 못 가는 불효자식이
여기 있다

모르겠어요

5공시절 정년단축으로
급퇴출되신 아버지
그 아픔 그 공허
어찌 삭히셨는지
나는 모르겠어요

보릿고개 힘든 시절
6남매 키워내신 말 없으신 어머니
사랑 자존감 용기 끈기……
어떻게 똑같이도 심어주셨는지
나는 모르겠어요

대쪽 같던 교장 큰오빠
말이 없던 깊은 속엔
무엇이 담겼었는지
나는 모르겠어요

77세까진 사장으로
86세에도 지사장 하는 큰언니

그 능력은 어디까진지
나는 모르겠어요

60년대 여교사로
이쁜 딸 착한 남편 둔 작은언니
무엇이 부족해서
서른 젊은 날에 정신줄 놓쳤는지
나는 모르겠어요

약사로 보장된 인생 버리고
23년 케냐 선교사로 순교한 작은오빠
무엇이 그 신앙의 힘이었는지
나는 모르겠어요

미국생활 적응하며
두 아들 잘 키워낸 셋째언니
어쩌면 그렇게 한국인의 향기
끝도 없이 날리는지
나는 모르겠어요

모녀

마흔 셋 늦게 낳은 딸
출근하라고
새벽이면 달려오셔서
두 손녀 돌보아 키워주시고
청소 빨래에 맛있는 반찬 장만하시고
어린 손녀 하교하면 놀아주시다
막내딸 퇴근해야 집으로 가신
내 어머니
긴 세월
단 한번도
힘들다
말씀하신 적 없었다

육아에
살림에
요리에
맘에 안 들어도
단 한 번도 어머니께
맘에 안 든다

말씀 드린 적 없는 나 막내딸

우린 둘 다
필요 없는 말은
하지 않는
말수 적은 모녀
깊은 사랑만 주고받은
모녀
어머니 딸사랑
딸 어머니사랑

초보운전

당부 말씀 드립니다
초보운전자에게
천천히 가는 게 초보운전 아니라오

먼 길 갈 때면
타이어 갈 정도 먼저 나서야
낭패를 면할 수 있다오

가끔은
자동차 뚜껑 열어
차 속
아무것도 몰라도 들여다보라던
그냥
훅 하고 먼지라도 불어보라고
뜻밖의 상황이 눈에 뜨일 수 있다던

새록새록
평생토록
운전하는 나의 등불이 되는

병아리 초보시절
오빠의 당부였다오
당부 말씀이라오

딸 둘

나의 가장 큰 선물
나의 두 딸
부모가 뭔지도 모른 채
발버둥쳐 키웠죠

힘든 시절
나 하나 갈 길도 모를 나이에
좌충우돌
사면초가
출구 없어 헤맬 때도
두 딸
눈을 보고 길을 찾았죠

방법이 부족했죠
실수가 많았죠
우매하고 미련했죠
후회 뿐이죠
그러나 그 때로는 최선을 찾아
주님 손만 붙잡고 갔죠

기도하며 갔죠
울면서 갔죠

잘 한 건 생각 안 나고
잘 못한 것만 떠오르는
아직도 초보 칠순 부모

이제는 나를 가르치는 딸
이제는 나를 달래주는 딸
나의 가장 큰 선물
나의 힘
나의 두 딸

예나의 눈雪

하얀 눈은
겨울만 좋아하나봐
봄
여름
가을엔
오지 않고
꼭 겨울에만 오지

예나의 눈은
봄
여름
가을
겨울
사철 다 좋아하나봐
색종이로 찢어 만든 일곱 색깔 눈
아무 때나 날리면
오지

펑펑 내려
아무 때나 쌓이는
예나의 눈
온 방 가득 일곱 색깔 눈
뒹굴고
또 뒹굴어도 신나는
예나가 기다리면
언제나 내리는
예나의 눈雪

예나

텅 비었네
울 예나 더 논다고
떼부리던 놀이터

삼부4단지에 있던 예나 웃음
이삿짐에 함께 싸서
버드내로 같이 갔다네

봄 여름 가을
겨울 동백까지
피는 꽃들
이쁘다 이쁘다
다 만져주고

띠띠야, 띠띠야!
볼 때마다 불러주던 비둘기들은
예나 어디 갔냐고
나에게 묻네

가위바위보로 오르던 계단
번호 안다고
누르던 현관 번호판
키작은 예나
발돋움 작은 발자국

모두모두
예나
어디 갔냐고
예나
언제 오냐고
나에게 묻네

* 띠띠 : 예나가 붙여준 비둘기 이름

비둘기 띠띠

쉬지 않고 콕콕콕콕
무리지어 점심 먹는 비둘기들
베어낸 잔디 밭 풋내까지 즐긴다
꾸룩꾸루룩 흩어지지 말라며
깃 세워 지휘하는 수컷 비둘기

내 아파트 앞마당서
예나 어디 갔냐고
내게 묻고 또 묻더니
버드내로 이사 갔다고 해도
못 알아듣는지

띠띠야
띠띠야
매일 불러주던
예나 목소리만 들을 줄 아나봐
유등천까지 쫓아와
내게 묻고 또 묻는
비둘기 띠띠

가을 은행나무색 버스

줄 맞추어 서 있는 은행나무는
긴 팔 가을 옷으로 갈아입고서
매일 아침 지나는
은행나무색 버스를 기다리지요

우리 아파트 지나는 시간
아침 9시 7분
예나 할머니도
은행나무색 버스를 기다립니다
키가 작아 뒤꿈치 들고 기다립니다

가을 은행나무색 버스엔
누가 탔나요?
버드내로 이사간 예나랑
예나 친구들이 탔지요

매일 똑같은 시간에
예나랑 친구들 태워주시는
친절하신 가을 은행나무색 버스 기사님
고맙습니다

5부 세월의 강

어린 봄

휘늘어진 가지 끝마다
노란 개나리 피워올리는 봄
버드나무에도 연둣빛으로 내렸다
그 작은 잎새
곱게 다문 입술에 달려온 봄

버들강아지 솜털 붙여놓고
시냇물 속 송사리떼 부르는 봄
아직 추워 숨어있는
봄바람 살랑바람까지 부르는 봄

봄보다 먼저 나온
냉이랑 쑥이랑
논두렁에 벌써 나온 걸
어린 봄은 모른다
아직은 쌀쌀한
겨울 같은 어린 봄

*『대전문학』2022. 봄호

금산찬가

어남동
한적한 길 달려
산내로 내려와
냇가의 점심식사
이야기와
함께 먹는다

보석사에 주차하고
숨차게
숨차게
도구통바위 오르니
금산이 눈 아래

서대산
대둔산도
지척이네
오!
운장산까지 우릴 부르네

진짜 즐거움을 주는 산
진악산을 품은 금산
너는
아름다운 금산
금수강산

신성리 갈대밭

수북이 자라 오른
갈대밭
ㅅㅅㅅㅅㅅ
추워
이를 두드려 떤다

혼자면 안 된다
무리지어 기대며
강바람 달려오면
다같이 품어 안는
ㅅㅅㅅㅅㅅ
서로 사랑하자 가르친다

천년이 지나도 그 자리 머물러
함께 울고
함께 웃으며
다투지 않고
ㅅㅅㅅㅅㅅ
서로 감사하자 가르친다

금강
물줄기따라
흐르는 역사
마스크 역사도 따라 흐르고
코로나19로 힘든 우리만큼인가
하늘빛보다 짙게
꿀렁꿀렁
출렁이는
검푸른 금강

금강따라 달려온 붉은 노을
신성리 갈대밭
떼를 짓는 아우성
~~스스스스~~
서로 힘내자 가르친다

　*『목요문학』2022. 봄여름호

월출산

달이 뜬다
영암아리랑
월출산 바위 험해도
남정네 다리 다쳐 119구급대 올라와도
달이 뜬다
영암아리랑

기암괴석 사이에
구름다리
통천문 지나
땀먹고 자라는 천황봉 무박산행
달이 뜬다
영암아리랑

구름 가득 덮이더니
갑자기 비
서늘한 물바람
길 찾기 힘드네

아리랑
아리랑
영암아리랑

북한강 새벽

마알간 해
깨끗이 씻어
천천히 내놓는 새벽

휘이 휘이
서리를 쫓는다

북한강 가
떠오르는 해
강물에 비치는 긴 해가
더 빛난다

강 위로 피어오르는 새벽 안개
아궁이 불지펴 밥 짓는 어머니
가마솥 풍성한 김처럼 정답다

아직 가시지 않은 어둠
힘차게 밀어내는
새벽이 업고 온 해

오늘
또 다시
내 부지런한 어머니 닮은
새벽

가슴 가득 해를 품으신
새벽 같은 내 어머니
어머니 같은 새벽

*『시문학』 2022. 4.

남촌서 부는 바람

충남 부여군 홍산면 남촌리 112번지
내 뼈
내 살이 자라며
내 맘도 자란
도시도 아니요
시골로 아닌
유초중고 다 있는
소읍 남촌

신작로 대신 거미줄 큰 도로
묻혀버린 유년
아득한 안개 속 희미하다
손 저어보아도 닿지 않는
꿈 길 남촌

높아보이던 태봉산 비홍산
멀어보이던 정동리 무정리
입학부터 졸업까지 6년 다니고
다시 교사로 근무한

지금도 나를 기다릴
내 고향 남촌

보문산

애당초 그른 열매 솎아
적당한 전지로
가지 쳐내는 비바람

산책길 위 수북한 나뭇가지
하늘도 실컷 울었나
눈물 한바탕 토해내다

다시 나온 해
씻겨진 냇물 잰걸음 흐르고
눈물도 웃음도 함께 떠간다

푸근한 보문산길
눈물 어린 세상에서
너른 가슴 나를 감싼다

*『대전문학』 2021. 겨울호

제주의 아침

손톱만 한 꽃 세 송이
금잔옥대수선화
거실 가득
향내로 채워
눈보다 먼저 잠을 깨는 코

일찍 내려온 새벽 이슬도 고마운데
동박새 부부는 벌써
동백꽃 속
꿀 따고 있네

비 오다 바람 불다
변덕스런 날씨에도
애기동백, 금잔옥대수선화, 아자리아
새벽 이슬 먹고 피어난 꽃

짙고 푸른 바다
제주의 아침
동박새와 꽃들의 합창 속에
나그네도 향기로운 꽃이 되었다

  *『목요문학』 2022. 봄여름호

사려니숲길

비자림 봉개
조천읍 교래
남원읍 한남까지
제주도 사려니숲길
걸어가도 숲
쉬어가도 숲
사려니숲길

키재기하는
졸참나무 삼나무 때죽나무
아직 울창한데
이미 떠난 팔색조
안내판만 남은
사려니숲길

너도 품고
나도 품고
가리지 않고
그 누구라도

다
품을 줄 아는
사려니숲길

* 『시문학』 2022. 4.

늙은 딱따구리

내 나이쯤 되었나
딱따구리
투투투투
느리고 힘없는
집 장만 소리

싱싱한 젊음
붉은 정열
불 태운 삶 모두
깃 속에 감추고
어느새 느려진 입놀림

그래도 겨울 준비
투투투투
무딘 부리로
가만가만
준비하는 노년

메아리도 힘없이
투투투투
스산한 바람에
갈잎까지 떠나는
저물녘 숲속

가을바람

은행나무 지나며
못 본 척하다가
은근슬쩍 병아리색 칠해놓고

마른 버찌 달랑대는 벚나무
버찌 떨어질라
살며시 사과색 칠한다

푸른 단풍나무에
불 붙인 게
너였어?

참나무 잎 무성할 땐
외면하더니
땅색 칠하니까 말랐잖아

가을 내내 제멋대로
산자락마다 온통
오색 물감 몰래 칠하고선

솨솨솨솨솨
수수수수수
오그라져 떨어지는 나뭇잎 소리에
이제야
소스라쳐 놀라는
가을바람

이리저리 놀며
색칠하던 자리
겨울에겐 내주기 싫어
주춤대는 가을바람

은행잎

오는 모습 아른아른
죽은 듯한 가지에 소리도 없이
사알짝 여린 연두빛 물들이더니
갈 때도 납작하게 누워
조용히 그림을 그린다

떨어져 누울 때에도 고운 자태
서로서로 맞부딪쳐 겹쳐 쌓이며
흩어지지 않고 모여
곱게도 누웠구나

바람 거스르지 않아
가자는 대로 가주는 은행잎
동행을 거부하지 않는
이 쪽으로 가자면 모두 이 쪽
저 쪽으로 가자면 모두 저 쪽
가지 말라면 그저
나무 밑둥을 떠나지 않는
노오란 은행잎

순리를 따르는
긍정
아무리 비가 와도
아무리 가물어도
할 일 다 하고서
달력을 넘기지 않아도
길을 알고 물들어 떠나는
은행잎

실안개

산허리 두르고
감돌아
푸근한
실안개

내 모든 것
다 덮어주시던
언제나 부르면
그 자리 계시던
어머니 치마폭

소리도 없이
자랑도 없이
그저
내내
묵묵히
피안으로 이끄시던 자애

자취 없이 가신
내 어머니
푸근한
실안개

*『목요문학』2022. 봄여름호

유등천

장마엔 바쁘니?
왜 그리 빨라?
비바람에 화났니?
왜 흙탕물이 되었니?

건넛마을 사람들 어떻게 건너라고
징검다리 다 넘치게 몰고 가니?
갈대 억새 마른가지 다 꺾어
이정표에 너절너절 걸어놓고
간신히 서로 붙잡고 핀 패랭이꽃들도
다 쓰러뜨렸구나

그동안
얌전한 척
말없이 흐르더니
이제 보니
너, 유등천
심술쟁이였구나

  *『대전문학』2022. 여름호

소백산에서

역사를 품고
한恨으로 녹아 녹아
다시 굳어 응얼진
연화봉 줄기에
살아 천년 죽어 천년
주목은 흰 눈 덮여도 그대로인데
안길 때마다
똑같은 미소로 싸안는
비로봉 정상

나를 품고
세상을 품고
세월을 품은 가슴
바람도 몰아 부는 소백산

*『문학21』1998. 4.

6부 순례자

다 그림

김나는 쑥찐빵도
고기만두도
다 그림
영양 가득 삼계탕도
전복죽도
다 그림
싱싱한 닭가슴살샐러드도
크림치즈파스타도
다 그림
크리스피도넛도
막 내린 커피도
다 그림
밤고구마도
홍시도
다 그림
속병났다
물만 마셔야 한다
하루 이틀
길면 사흘

코로나19 펜데믹

흐르고 흘러 또 흐르며
이야기를 들려주었다
물고기들
물풀들
강물 속에서
손 흔들며 어울려 만나
강물 이야기를 들었다

저쪽 세상 이야기
저쪽 세상 또 다른 이야기
어제도
그제도
들려주었다

강물이 흐르지 않는다
이야기를 가져오지 않는다
물고기가 죽고
물풀이 썩고
이야기가 들리지 않는다

코로나19로 막힌 둑
점점 높아만 가고
너와 나는 없고
오직 나 하나뿐이다
둘은 안 되고
셋은 더 안돼
오직 나 하나뿐

함께라는 말이 없어졌다
같이라는 말이 사라졌다
어울림도 없고
만남도 없다
막힌 둑
흐르지 못하는 강물

만물의 영장

만나면 안돼
나와도 안돼
대화는 전화로
무인도 2주 살기
자가격리

이 때를 위해
휴대폰이
배달음식이
컴퓨터가
e-mail이
미리 있었나보다

2년이 넘는 긴 장벽
익숙해가는 단절
한 번도 못 보던 것
못 듣던 것

눈에 보이지 않는 것에
지는
두려움에
떠는
보잘 것 없는
인생

친구

짧은 2년
철없이 만난 공주교대
동창 친구

40년 교직생활
함께 만난 끈끈한 친구
교단 친구

은퇴 후 세상으로 나와
물속에서 같이 첨벙대는
수영 친구

각기 다른 악기 불며
화음 맞추는
윈드앙상블 친구

새벽마다 만나
두손 모아 기도하는
기도 친구

딴따라라
박자 맞춰 춤을 추는
댄스 친구

척하면 알지요

엄마들
엄마들
하면 유아교사

보호자
보호자
하면 요양보호사

학부모
학부모
하면 학교교사

고객님
고객님
하면 회사원

집사님
집사님
하면 교회 식구

할머니
할머니
하면 우리 예나

점점 좋아

관절이 부드러워지는군
어? 비염이 사라지네
피부 고와지는 건 덤이구나
유연한 팔 다리 어깨 허벅지
씩씩 오가다 보면
하루 쌓인 긴장 피로
싸악

기다렸어요
기다렸어요
쌓인 스트레스도 내놓으세요
전천후
비가 오나 눈이 오나
찾아주세요
자외선 걱정은 하지 마세요

할 말도 많아
갈 때마다 촐랑이며 속삭이는 물
간지러운 물마사지

왼쪽 오른쪽 귀로 들어왔다 나갔다
센스 있는 물
수영이 좋아
정말 좋아

자화상

모나지 않은 목련나뭇잎을 아시나요?
흰 무더기로 꽃 다들 피울 때에도
뒤에서 초록빛 배경이 되고
보송보송 솜털 꽃눈엔
어머니 같은 따스한 품을 내주는

꼭 푸르러야 한다면서
소나기도 비바람도
번개 속 어둔 밤도
말없이 지켜낸 의지
아무도 몰라

작은 노랭이 간지럽게 기어다녀도
좋아라 받아주는 둥그런 잎
갈바람 맞고 말라 떨어질 때도
벌레 먹은 채 그저 웃는
모나지 않은 목련나뭇잎을 아시나요?

초록으로 내내 웃던 기억을
詩로 고스란히 남겨두고
뒤돌아보며 뒤돌아보며
고개 넘어 바람에 밀려가는
모나지 않은 목련나뭇잎을 아시나요?

지금은 울어도 되겠지

내 안에 나이테 늘어나
테마다 녹아든 시름
아파할 사이
눈물 흘릴 틈 없었다
두 딸을 키워내야 할
내 작은 어깨

악다문 어금니 피가 나도록
낮밤을 조른 허리띠
몰아치는 파도
쏟아지는 빗줄기
마다 않고 달릴 수 있는 힘은
오직
나의 딸들이었다

그렇게
나이테 속
세월의 흔적

이제야 아프다
이제야 눈물난다
지금은 울어도 되겠지

소쩍새

부지런도 해
새벽기도 마쳐 어슴푸레한데
벌써 나무 위에 소쩍새

밤새
코로나19는 대전을 이리 저리 기웃거리며
백신보다 더 높이 날아도
소쩍새는
소쩍새는
새벽을 가지고
힘차게 또 온다

1년 하고도 여섯달을
온 지구를 돌며 낼름거리는 코로나펜데믹
날을 세워 세상을 덮고
시간을 막아버려
여기 저기
벽 세우기를 멈추지 않는데

더 높이
더 높이
소쩍새는
새벽을 달려
오늘
건강한 새 아침을 가지고
내게 온다

화장품

스무살
어린 교사
처음 화장품은
아모레 타미나
쥬단학 피어리스

세월따라
좋아지는 화장품
곱게 바르며
출근하고
출근하고

신제품 나오면
또 바꾸어 바르며
출근하고
출근하고

40년 바르다가
디올 샤넬

바다 건너 화장품도
차지한 화장대

가는 세월
좋아지는 화장품
기능성 화장품
늙어가는 나

with코로나

2년여 닫혔던 문
with코로나로 빼꼼
그 작은 틈으로
생기 도는 대한민국

성가대 찬송소리
운동장 아이들 소리
족구장 고함소리
식당 웃음소리
커피숍 대화소리
……

평온했던
익숙했던
일상
이렇게도 귀한 줄
마주 앉아 수다떨며
웃는 것이
이토록 소중한 줄

된장국 한 상에
나눠 먹는 게
이렇게 좋은 건 줄

이제야 다시 알고
삶이
일상이
작은 것도
감사하여라
감사하여라

아니다

함부로 한 게 70년이다

숲길 바삐 가는 개미들 무시하고
함부로 걸은 게 70년이다

어린 풀포기 푸른 잔디밭
함부로 밟은 게 70년이다

잘 안 듣고 내 생각만 앞세우고
함부로 말한 게 70년이다

가도 되는 곳 가지 말아야 할 길
함부로 간 게 70년이다

몸에 좋든 나쁘든 아무 생각 없이
함부로 먹은 게 70년이다

저축하며 아끼지 않고 나만을 위하여
함부로 쓴 게 70년이다

아니다
아니다
더 늦기 전에
더 늦기 전에

조남익 은사님

빼짝마른 붓을 들어 편지를 쏜다
생각만으로도 가슴은 눈물
달려가
은사님의 보훈공원 시詩 "조국의 하늘" 앞에 서면
그 때마다 나를 품는 추억

사춘기 소읍 중학생에게
막 등단하신 뜨거운 피
수혈해주신 詩
심장에서 일렁인다
그리움인데 왜 아픔일까?
그리움인데 왜 눈물일까?

코로나19로 닫힌 창가에
오늘은 날개를 곱으로 달고
날아
날아
님의 창가에
詩를 쓰리라

바람으로
햇빛으로
눈물로
만남이 詩였음을
삶이 노래였음을

고희

어서 오렴
처음 맞는 칠십
내게로

멈추지 않는 긴 성장통
홍해, 요단, 건널 때마다
차가운 얼음장 맨발 길
꿈속에서도 아득한 지나온 광야

시려도
아파도
다다른 칠십
오늘 또 다시
손바닥 만 한 구름 한 점
하늘을 본다

어서 오렴
처음 맞는 칠십
내게로

작품해설

현실감각과 탁월한 문학성의 조율
— 주은희 시집 『남촌서 부는 바람』의 시세계

조남익 시인

1. 신인당선 3편과 그 이후

주은희(朱垠姬) 시인이 문단에 첫 작품을 선보인 것은 「해후」「해돋이」「소백산에서」의 3편이 월간 「문학21」 (1998년 4월호)에 발표되면서 부터이다. 이 당선작에 대한 심사평은 다음과 같다.

> 주은희 님의 여러 편의 응모작 중에서 「해후」「해돋이」「소백산에서」 등 세 편을 당선작으로 올린다. 「해후」는 맵시있게 이루어진 소품이다. 그 표현에 있어서는 앞면의 '추억'을 다음 연에서는 거꾸로 '실타래를 감는다'는 표현이 기발하다.
> 「해돋이」는 일월 일일 새벽 여섯 시 해돋이의 감동을 성공시키고 있다. 신선감이 있다. 「소백산에서」는 절제된 언어 속에

산의 이미지가 생생히 숨쉬고 있다. 꾸준한 정진을 기대한다.
(심사위원 : 김유신 안도섭)

　이상 심사평은 간결하면서도 매우 요약된 의미로 읽힌다. 특히 추천작품인 이 3편의 형식과 시적 운율은 이번 시집을 이해하는데도 도움이 되는 점들이 없지 않다. 우선 시의 형식이 장황한 것보다는 간결 압축된 시풍을 비롯하여 내용도 매우 요약된 압축미를 특기로 하는 점에서도 유사한 것을 볼 수 있을 것이다. 이 시집을 펼치면 「시범 수업」 「연구대회」 「군복」 등의 시가 교단생활의 일면을 드러내고 있다. 그것은 시인의 생활 단면이었다. 교단생활을 하는 시인은 적지 않지마는 직접적으로 작품화한 것은 그리 흔하지 않은 것 같다. 주은희 시인이 현실을 현실대로 받아들이고 있는 시인의 단면이 될 것이다.
　제1부에서 시선을 끄는 것을 「쌍류초등학교」 「TJB 교육대상」 「편지쓰기 강좌캠프」 「6264」 등이 눈길을 끈다.

　　　이발소 다녀온 소년같은
　　　모내기 막 끝낸 들
　　　연둣빛
　　　연둣빛 세상

　　　벼포기 심자 마자
　　　물 빨아 올린다

가슴엔 이삭 품고
농부의 땀을 먹는다

전의면 골짜기부터
수리거리던 봄바람
쌍류 들판을 가로질러
합창하듯
서면 와촌리로 내달린다

어느새 하얀 배꽃 가득해지면
수줍은 복사꽃도 볼우물 패이고
봄바람 보드라운 손
냉이 쑥까지 부른다

복사꽃 같은 아이들
배꽃 같은 마음
아이들
아이들
그 향내
가득한

―「쌍류초등학교」 전문

    시인이 근무했던 쌍류초등학교를 쓴 시인데 재기발랄한 시의 전개가 시선을 끈다. 신선한 그림으로 봐도 될 것이다. 재기발랄한 시의 전개, 시가 굳이 어려울 필요가 없는 것이란 뜻을 은연중 보게 된다. 이 시는 「월간문학」(2022년 4월호)에 발표된 바 있다.

2. 시인의 생활이 녹은 시들

이번 시집은 시인의 생활 체험이 짙게 어려 있다. 제1부 「길을 떠나다」가 교육현장을 중심으로 쓴 것이라면, 제2부 「동행」 제3부 「못다 쓴 편지」는 사별한 남편에 대한 회상과 그 임종을 앞둔 내용들이 차지하고 있다.

남편을 잃은 아내의 절망이 뜻밖에도 새롭게 비친다.

>나를 두목이라 불러줘
>두목이 원하는 대로
>두 딸까지 아빠라 하지 않고
>두목
>두목
>두목이라 불렀다
>
>메리는 내 강아지
>강아지는 메리
>당신은 메리
>부르면 언제든 어디서든
>달려와 안겨야 해
>강아지처럼
>
>두목이 정한 대로
>우리는
>두목
>메리
>두 딸도 부를 땐

두목
메리
듣는 이가 웃어도
두목과 메리
두목
메리

　　　　　　　　　　－「두목과 메리」 전문

　대개 자신의 상처는 드러내지 않고 감추려는 경향이 많은 것에 비하면 이 시는 오히려 재기발랄한 유머 감각이 시선을 이끈다. 시인적 의도인 것이다.

　남편이 자기를 '두목'이라 불러달라 했고, 그것을 두 딸에게까지 요구한다. '두목'이란 본래 좋지 못한 무리의 우두머리로 보스인데, 이를 요구한 것은 거기 익살스러움이 있기 때문이다. 가족 간의 천진난만한 익살이 이 시의 테마가 되고 있다.

　말하자면 시인은 남편의 익살스런 모습을 통하여 가족 간의 깊은 사랑과 우애를 보이려는 것이다. 그것은 지금은 없는 남편에 대한 그리운 추억의 회상이기도 한 것이다.

　그의「천생연분」이란 시에서는 '잠잘 때 다리를 올려 놓으면/ 편안해서 좋은 두목/ 다리 눌리면/ 시원해서 좋은 메리'(1연) 가 있다. 남편에 대한 시인의 사랑이 자못 '천생연분'의 경지에 가 있다. 그것은 그의 시가 진실하면서도 순박한 운치를 더하는데 기여를 하고 있다.

주은희 시에는 이와같이 죽음을 뛰어넘는 달관의 경지가 그의 시를 더욱 빛나게 하며, 현실적 고통을 승화시킨다. 그는 한 여인이기 전에 한 시인이었던 것이다. 이는 그의 시적 재능을 드러내는 시의 화술로서 곳곳에서 시의 운치를 더하고 있음을 보게 된다. 다시 말하면 천부의 시적 재능이 그러한 시의 화술을 구사하게 한다.

가령「두목과 메리」에서 보면 "메리는 내 강아지/ 강아지는 메리/ 당신은 메리/ 부르면 언제든 어디서든/ 달려와 안겨야 해/ 강아지처럼"(제2연) 등의 표현이 그것인데, 현란한 언어 구사의 경지인 것이다.

3. 가족과 고향사랑의 시편

시가 아주 주관적인 장르인 때문이기도 하지만, 시와 시인의 가족이나 고향사랑의 시는 많은 편이다. 정지용의「향수」,「고향」김소월의「엄마야 누나야」,「진달래꽃」 등 이루 헤일 수 없다.

정지용의 고향은 충북 옥천이며, 그의 시는 한국어가 도달할 수 있는 언어적 예술성의 정상을 유감없이 발휘하고 있는 것으로 평가된다. 특히「향수」에는 5연의 시에 연마다「─그 곳이 차마 꿈엔들 잊힐리야」가 붙어 있다.

김소월은 본명이 정식이며 평북 정주군 곽산면 출신이

다. 그의 「엄마야 누나야」는 평화경에 대한 갈망이요, 가족적 단란을 이상으로 하는 가정적 표현이기도 하다.

「진달래꽃」은 김소월을 국민시인, 민중시인의 칭호에 부끄럽지 않은 그의 대표적 작품이다. 「진달래꽃」은 고향의식에 가장 보편성을 띤 정서라는 점이다. 한국인이면 누구나 쉽게 접근할 수 있는 감동을 지닌 것이 「진달래꽃」이다. 일찍이 이 작품을 두고 박종화는 "무색한 시단에 비로소 소월의 시가 있다"고 했다.

주은희의 「남촌서 부는 바람」을 보기로 한다. 이 작품은 이 시집의 제호로 채택되기도 한다.

충남 부여군 홍산면 남촌리 112번지
내 뼈
내 살이 자라며
내 맘도 자란
도시도 아니요
시골도 아닌
유초중고 다 있는
소읍 남촌

신작로 대신 거미줄 큰 도로
묻혀버린 유년
아득한 안개 속 희미하다
손 저어보아도 닿지 않는
꿈 길 남촌

높아보이던 태봉산 비홍산
멀어보이던 정동리 무정리
입학부터 졸업까지 6년 다니고
다시 교사로 근무한
지금도 나를 기다릴
내 고향 남촌
　　　　　　―「남촌서 부는 바람」 전문

주은희의 고향인 부여군 홍산, 거기의 홍산농업고등학교 및 병설 홍산중학교는 나에게는 첫 근무지가 되는 곳, 주은희는 홍산중학교 2학년에 재학중이었다.

그리고 나는 그때 신석초 선생님의 추천으로「현대문학」3회 추천과정을 통과하고 있었다.

그 무렵, 처음으로 전교생에게 한글백일장을 실시했을 때, 중고교로 구분해서 심사했다. 그때 주은희가 중등부 장원으로 뽑힌 것이다.

그의 시는 나에게 적지 않은 충격을 주어 나는 주은희를 '시 천재'라고 불렀다. 그도 그럴 것이 그는 어디서 익혔는지 배웠는지 시의 표현이 지적인 구성력을 보였기 때문이다.

그러나 우리는 오랫동안 헤어져 있었다. 그는 그동안 결혼생활, 40여년 교직생활들로 이제는 칠순에 있었다.

그 동안 그는 초등학교 교장을 했고, 특히 월간「문학 21」에서「해후」등 3편으로 신인 당선(1998) 등 꾸준한 시작생활을 놓지 않고 있었다. 그것은 어떤 기적과도 같은 그의 숨은 노력의 일상이었다. 이번 첫 시집은 참으로 값진 것이다. 중학교 시절의 재능이 칠순이 되어 완성되는 것이라 할까. 그의 시는 현실감각과 탁월한 문학성의 조율이 있었다.

그동안 쓴 것이 적지 않고, 또 발군의 노력으로 제2, 제3 시집도 잇달아 내놓을 것이라고 했다.

주은희의 시는 곳곳에서 좋은 자질을 엿보이고 있는데, 그 일부를 들면 다음과 같다.

여기서는 「제주의 아침」과 「코로나19 펜데믹」 2편을 보기로 한다.

    손톱만 한 꽃 세 송이
    금잔옥대수선화
    거실 가득
    향내로 채워
    눈보다 먼저 잠을 깨는 코

    일찍 내려온 새벽 이슬도 고마운데
    동박새 부부는 벌써
    동백꽃 속
    꿀 따고 있네

    비 오다 바람 불다
    변덕스런 날씨에도
    애기동백, 금잔옥대수선화, 아자리아
    새벽이슬 먹고 피어난 꽃

> 짙고 푸른 바다
> 제주의 아침
> 동박새와 꽃들의 합창 속에
> 나그네도 향기로운 꽃이 되었다
> ―「제주의 아침」 전문

「제주의 아침」은 일상적 체질을 감수하면서도 그 나름의 개성이 시의 질을 형성한다. 이른바 독창적인 개성인 것이다. 「제주의 아침」은 제주의 아침을 새롭게 구성하면서 시적인 발상이 다분히 독창적이라 할 수 있을 것이다.

가령 「향내로 채워/ 눈보다 먼저 잠을 깨는 코」(1연) 또는 「동박새와 꽃들의 합창속에/ 나그네도 향기로운 꽃이 되었다」(종연) 등이 그것이다.

「코로나19 펜데믹」은 현실적인 감각의 시이면서 시의 중심이 잘 잡힌 것을 들 수 있을 것이다.

> 코로나19로 막힌 둑
> 점점 높아만 가고
> 너와 나는 없고
> 오직 나 하나뿐이다
> 둘은 안 되고
> 셋은 더 안돼
> 오직 나 하나뿐
>
> 함께라는 말이 없어졌다.

같이라는 말이 사라졌다.
어울림도 없고
만남도 없다
막힌 둑
흐르지 못 하는 강물

　　　　　　　　　　　—「코로나19 펜데믹」 4, 5연

　코로나19가 창궐하고 있는 현실에서 차분하고도 사색적인 시의 발상이 눈에 띈다. 시가 침착할수록 사색의 깊이도 함께 울리는 것을 보게 된다. 현실적 감각을 담아 뛰어넘는 시의 재능인 것이다.

　주은희는 대기만성의 산맥을 이끌어 온 시인이다. 그 역량과 사상, 그것들이 공공성의 창조력으로 분출되기를 간절히 염원하여 마지않는다.

이든시인선 102

남촌서 부는 바람
ⓒ주은희, 2022

발행일	2022년 6월 30일
지은이	주은희
발행인	이영옥

펴 낸 곳	이든북
출판등록	제2001-000003호
주　　소	34625 대전광역시 동구 중앙로 193번길 73
전화번호	(042)222-2536 ｜ 팩스(042)222-2530
전자우편	eden-book@daum.net
카　페	http://cafe.daum.net/eden-book
블 로 그	https://blog.naver.com/foreverlyo5

ISBN 979-11-6701-156-5 (03810)
값 10,000원

* 이 책의 판권은 지은이와 이든북에 있습니다.
* 이 책 내용의 전부 또는 일부를 재사용하려면 반드시
　양측에 서면 동의를 받아야 합니다.